AF201002

Salutis Aeternae
Ewige Errettung
Eternal Salvation

CHRISTOPH SCHÜRCH

Salutis Aeternae

Ewige Errettung

Eternal Salvation

Bibliografische Information der Deutschen Nationalbibliothek
Die Deutsche Nationalbibliothek verzeichnet diese Publikation
in der Deutschen Nationalbibliografie; detaillierte bibliografische
Daten sind im Internet über http://dnb.d-nb.de abrufbar.

© 2021 Christoph Schürch

Satz, Herstellung und Verlag:
BoD - Books on Demand
ISBN 978-3-7494-0546-6

Für Salome

Notwendige Vorrede

Eine Geschichte zu erzählen, die in Berlin, London, Paris oder New York spielt, ist ungefährlich. Eine Geschichte zu erzählen, die in einer Schweizer Stadt spielt, ist hingegen gefährlich. [...] Noch gefährlicher ist das Unterfangen, eine Geschichte zu erzählen, die in einer bernischen Heil- und Pflegeanstalt spielt. Ich sehe Proteste regnen. Darum möchte ich Folgendes von Anfang an festlegen: Es gibt drei Anstalten im Kanton Bern. – Waldau, Münsingen, Bellelay. – Meine Anstalt [...] ist weder Münsingen, noch die Waldau, noch Bellelay. [...]

Was weiter? ... Man wird wohl noch Geschichten erzählen dürfen?

Friedrich Glauser: *Matto regiert*. Erstdruck des Romans in der Verbandszeitschrift der Gewerkschaft VPOD, 1936.

EINS

Im Sommer 2012 fahre ich mit einem Freund Richtung Zürich. Nach der Hälfte der Zugfahrt gehe ich auf die Toilette. Dort merke ich, dass ich Durchfall habe.

Als ich nach dem Toilettenpapier greifen will, ist keines da. Es gibt nicht einmal Reserverollen. Ich sitze ganz bizarr auf der Toilettenschüssel und frage mich, woher ich jetzt Papier bekommen könnte.

In dieser misslichen Lage fällt mein Blick auf den Abfallkübel. Vielleicht lässt sich darin ein wenig Papier finden, das noch brauchbar ist? Da mir nichts Besseres einfällt, stecke ich meine Hand in das Loch und wühle vorsichtig darin.

Plötzlich spüre ich einen Stich. Ich ziehe die Hand langsam heraus. Was war das? Ich schiebe meine Hand nochmals hinein und ziehe einen schwarzen Plastiksack voller Spritzen heraus.

Theoretisch könnten es Drogenspritzen sein, aber ich weiss es nicht. Ich habe noch nie Drogenspritzen gesehen.

Sofort wasche ich die Einstichstelle mit Wasser ab. Ich weiss nicht, wie tief sich die Nadel in meine Haut gebohrt hat. Aber eines weiss ich: Um eine Infizierung mit HIV zu verhindern, muss ich die Einstichstelle so gut wie möglich säubern.

Mit einem kleinen Sackmesser steche ich die Einstichstelle aus. Ich zwinge mich bis aufs Letzte dazu, mich zu verletzen, und nehme dabei etwas Blut in Kauf.

Verwirrt kehre ich zurück zu meinem Freund und setze mich auf meinen Platz. Ich mache mir grosse Sorgen, denn ich weiss, dass ich mich mit HIV infiziert haben könnte.

Mir fällt ein, dass ich als Kind gerne im Abfall gewühlt

hatte. Meine Mutter hatte mir oft gesagt, ich solle aufpassen, es könnten sich Glasscherben darin befinden.

Am Abend, als ich mit meinem Freund vor einem Club stehe und er mit mir eintreten möchte, unterbreche ich ihn plötzlich und sage ihm, dass ich nach Hause gehe.

Ich muss ins Spital, ist mein einziger Gedanke. Ich muss alles in meiner Macht Stehende unternehmen, um einer Infektion vorzubeugen. Ich sage einem Taxichauffeur, dass ich ins Unispital muss. Er sieht mich nur an und fährt los.

Bei der Befragung im Spital sage ich alles, was passiert ist. Es ist mir furchtbar unangenehm, weil ich die Geschichte mit dem Abfalleimer auf der Zugtoilette nicht nur dem Arzt gegenüber erzählen muss.

Er nimmt eine Blutprobe, die er analysiert. Natürlich kann er noch nichts nachweisen, da die Inkubationszeit einer HIV-Infektion drei Monate dauert. Er fragt mich, welche Impfungen ich habe. Ich zeige ihm alle digital auf meinem Smartphone.

Das Resultat des ersten Tests ist negativ. Doch ich muss weitere Tests machen: nach einem Monat, nach drei Monaten und nach sechs Monaten. Bis dahin bleibt es ungewiss.

ZWEI

Ich lebe in einer WG in Bern. Zuerst hatte ich nur eine Matratze und einen Sekretär. Inzwischen habe ich das Zimmer mit Möbeln aus der IKEA-Designlinie PS 2012 ausgestattet. Die Sechs-Zimmer-Wohnung teile ich mir mit vier Frauen.

Ich bin im Internet per Videochat unterwegs. Da treffe ich auf eine junge Frau. Salome. Sie stammt aus der Schweiz – aus dem Jura. Sie ist schwarz gekleidet. Ich trage ein blau rot kariertes Hemd. Ich habe auf meinem Sekretär mehrere Tickets für das Open-Air-Gurtenfestival. Ich habe mir mehrere Tickets besorgt, weil ich sie zu einem höheren Preis weiterverkaufen will. Ich schenke ihr ein Ticket. Sie nennt mir ihren Facebook-Account, über den wir uns dann austauschen. Wir hatten ausgemacht, dass ich mich vor dem Gurtenfestival noch einmal bei ihr melde. Das mache ich dann auch, einen Tag vor dem Festival.

Sie reist tatsächlich an und will bei mir übernachten. Ich teile ihr mit, sie könne mit der Tram Nummer 9 oder mit dem Bus Nummer 10 bis an die Haltestelle Viktoriaplatz fahren. Dort würde ich sie abholen.

Als sie mir eine SMS schreibt, sind gerade zwei Männer da, die meinen Fernseher installieren. Ich habe jetzt vollen Empfang. Das ganze Senderangebot.

An der Bushaltestelle sehe ich sie warten. Sie hat ein Pop-up-Zelt für das Festival dabei. Ich habe Angst die erste Begegnung zu vermasseln und erschrecke mich dabei selbst. Ich sehe das Lächeln aus ihrem Gesicht verfliegen. Ich bin komisch und überspiele dies von jetzt an.

Wir begrüssen uns und gehen in meine WG. Sie legt ihre

Sachen im Zimmer ab und ich zeige ihr die Wohnung. Sie macht die KV-Lehre und ist 18 Jahre alt. Sie fragt mich, wie viel ich für das Zimmer bezahle.

Sofort fällt ihr auf, dass ich Wein in meinem Zimmer habe. Ich will nicht, dass mir meine Mitbewohnerinnen meinen Wein wegtrinken, denn das ist auch schon vorgekommen. Aber das sage ich ihr nicht, stattdessen sage ich ihr, dass ich auf dem Bettsofa übernachten werde und sie in meinem Bett schlafen kann.

Als wir schlafen gehen, finde ich das Bettsofa ungemütlich und wechsle zu ihr ins Bett. Ich fange an zu fummeln. Meine Hand streift über ihre Oberschenkel. Ich werde furchtlos, schiebe ihren BH nach oben. Als ich tiefer gehe und ihr ins Höschen fasse, sagt sie plötzlich »Nein.«

Ich bin mir sicher und wage einen letzten Versuch. Der gelingt. »Oh!« Ich bin erstaunt und ziehe meine Hand weg. Ich lasse es dabei bewenden und umarme sie. »Aber umarmen darf ich dich!«, sage ich. War das sexuelle Nötigung? Ich streichle über ihre geraden Haare und küsse sie mit aller Zärtlichkeit auf ihren Rücken. Neben ihr liegend, betrachte ich ihre Hand, nehme ihren Daumen unter die Lupe und sage: »Deiner ist ganz anders als meiner.« Und es durchfährt mich etwas.

Ich habe noch nie mit jemandem so viel Innigkeit gespürt. Das Ganze gefällt mir.

Am nächsten Morgen merke ich, dass ich eine Sprosse auf meinem Fingernagel habe. Es ist etwas Blut daran.

Das war das Resultat meines gestrigen Handwerks. Es musste passiert sein, als ich meine Hand in das schwarze Höschen unter ihren Leggins schob.

Viele Gedanken schiessen mir gleichzeitig durch den Kopf, und keiner lässt es zu, mich festzuhalten. Ich wehre mich. Die Situation ist brutaler als die mit den Spritzen in der Zugtoilette. Ich habe vielleicht gerade jemanden mit Aids angesteckt.

Ich kann ihr nicht davon erzählen. Wenn ich ehrlich sein würde, wäre es plötzlich raus, dass ich sie liebe und dass aus uns nichts wird.

Um mir das abrupte Ende dieser Beziehung, die noch gar nicht begonnen hat, zu ersparen, setze ich sie nicht über meine wahren Gefühle ins Bild. Ich kann es ihr einfach nicht sagen. Ich darf trotz aller Sorge um sie keine Commitments machen.

Meine Fürsorge für sie wächst jeden Tag und trotzdem lasse ich sie irgendwie fallen. Ich hoffe, dass der Spuk in sechs Monaten vorbei ist und ich nicht infiziert bin. Sollte der Test positiv ausfallen, müsste ich es ihr natürlich sagen. Aber ein anderer Teil von mir möchte sich in diesem Fall gar nicht mehr melden, damit sie mich einfach vergisst.

Ich hoffe, alles unter einen Hut zu bringen. Ich kann das. Ich darf ihr keine Hoffnungen machen, muss distanziert bleiben. Über das, was mit mir passiert, denke ich nicht nach. Ich möchte nicht, dass sie sich in mich verliebt, da es sein könnte, dass ich Aids habe. Die Situation scheint ausweglos.

Es ist mir zudem bewusst, dass die Wahrscheinlichkeit einer Infektion sehr gering ist. Aber jemand, der Lotto spielt, hat auch die Hoffnung, zu gewinnen. Wieso sollte es nicht umgekehrt genauso gehen?!

Es gibt mir eine paranoide und wahnsinnige Note. Denn ich will alles und darf ihr nichts geben. Jetzt scheint es so, als wolle ich nichts und als müsse ich ihr alles geben. Ich habe alles verloren. Es gibt nur einen Ausweg. Ich muss die Zukunft direkt ansteuern, ohne Umwege.

Wir machen uns bereit für das Gurtenfestival und ich packe meinen roten Rucksack. Zum Anziehen wähle ich ein kariertes Hemd, eine grüne Hose und Schuhe aus Leder. Ich habe meine Kleider so gewählt, dass wir zusammenpassen. Das war nicht gerade einfach: Sie trägt ein rotschwarz kariertes Hemd und in meiner Garderobe liegen ausschliesslich karierte Hemden. Denn karierte Hemden müssen schliesslich auch zusammenpassen. Ausserdem hat sie Leggins und schwarze Chucks an.

Als wir zusammen auf die Kornfeldbrücke kommen, denke ich daran, sie zu warnen: »In der Mitte der Brücke ist etwas ganz Besonderes.« Beinahe hätte ich sie dort geküsst, aber ich überlege es mir anders und mache ein Foto von ihrem Handgelenk, welches das Festivalbändeli zeigt.

Wir laufen den Gurtenberg hinauf und gehen auf den Zeltplatz. Sie hat das Pop-up-Zelt schnell aufgestellt.

Sie tippt etwas in ihr Handy und erklärt mir, dass sie mit ihrer Mutter schreibt. Sie verrät mir ihren Namen. Ihre Mutter meinte, sie solle lange Hosen mitnehmen. Sie antwortet ihr, dass es jetzt zu spät sei.

Später fängt es an zu regnen. Wir entscheiden uns, das Zelt zusammenzupacken und bei mir in der Wohnung zu übernachten. Als wir nach unten gehen, schauen uns alle an. Aber der Zeltplatz ist furchtbar schräg und mein Schlafsack furchtbar unbequem. Ich hatte es mir gemütlicher vorgestellt.

Am nächsten Tag sehen wir uns die Hauptbühne aus weiter Entfernung an. Ich denke an Partymachen, aber sie sitzt bloss da und folgt den Songtexten. Sie sagt mir, dass sie ein Lied nur einmal zu hören brauche, um den Text auswendig zu kennen. Ich zeige mich erstaunt. Es spielt Patent Ochsner.

Plötzlich fängt sie doch an zu quasseln und ich denke: Wenn ich sie jetzt nicht küsse ...

Ich lege meinen Mund auf ihren und ich küsse sie.

Wir sitzen an einem abgelegenen Hügel und essen zusammen. Plötzlich steuert jemand direkt auf mich zu. Es ist meine Joggingpartnerin. Ich stehe auf. Ich will ihr auf Augenhöhe begegnen und ich will, dass es schnell geht. Und ich weiss nicht, wie ich, ohne ein Commitment an Salome zu machen, mit ihr reden soll.

Am Samstag sitzen wir wieder auf dem Hügel und schauen hinunter auf das grosse Zirkuszelt. Wir kiffen zusammen. Sie sagt, ich müsste nicht, aber ich will auch.

Ein Typ kommt und spricht sie an. Er meint, sie sei künstlerisch begabt. Kurz zuvor sagte sie mir noch, dass sie bei Komplimenten aufpassen müsse. Sie gibt ihm den Rest des Joints.

Am Abend spielen die Subways. Die Musik ist cool, aber es ist etwas kalt. Wir wollen es uns gemütlich machen, leider fehlt uns eine Decke. Ich hatte gesagt, die bräuchten wir nicht – denn ich hatte keine.

Sie friert, und ich fühle mich schuldig. Ich gehe in den Schneidersitz und sage, sie könne sich auf mich setzen. Das tut sie. Ich umschlinge sie mit beiden Händen, um sie zu wärmen, passe die Festigkeit meines Klammerns ihrem Atem an.

Wir bleiben in dieser Position für eine halbe Stunde. Es ist unglaublich anstrengend für mich, aber ich gebe es nicht zu.

Als wir aufstehen, frage ich sie, wie es für sie war. Sie antwortet, dass sie fast keine Luft mehr bekam. Das nimmt mir die letzte Hoffnung.

Für mich war es das Schönste, das ich ihr an diesem Wochenende gab. Ich wäre am liebsten an dieser Stelle gestorben.

Als es zu regnen anfängt, brechen wir auf und gehen nach Hause. In der WG treffen wir auf eine meiner Mitbewohnerinnen. Ich sage ihr, dass wir nach Hause gegangen seien, als Paul Kalkbrenner spielte. Da antwortet sie laut, dass ich doch nur wegen ihm zum Gurtenfestival gegangen sei. Und wieder soll ich ein Commitment machen und mich irgendwie retten ...

Diese Nacht rutscht sie immer weiter bis an den Rand des Bettes und ich folge ihr. Sie sagt dann, dass sie fast runterfalle. Ich umschlinge sie ganz und ziehe sie zurück in die Mitte des Bettes.

Mit ihr im Bett zu liegen, ist jetzt auch eine Qual, da ich mich schlecht fühle. Aber ich gebe keine Acht mehr auf mich und passe mich ihr nur noch an.

DREI

Am nächsten Morgen brunchen wir im Breitsch. Um die Mittagszeit gehen wir flanieren und kommen am Wartsaal vorbei. Schliesslich erreichen wir eine Arena aus Stein. Ich weiss nicht, wo wir uns befinden.

Es ist angenehm, mit ihr auf dem Steinhaufen zu sitzen und zu reden. Sie zieht ihren Ring vom Finger und will ihn mir schenken. Aber ich beschliesse, ihn nicht anzunehmen. Sie zeigt mir ihr Tattoo, das sie am Handgelenk trägt, und erzählt mir aus ihrer Vergangenheit. Ich sehe die blauen Stellen an ihren Fingern. Sie fragt mich, ob ich denke, dass sie die Berufsmaturität schafft.

Am Nachmittag sitzt sie zu Hause auf dem Teppich, danach packt sie ihre Sachen zusammen. Ich sehe ihren Pullover auf meinem Stuhl, überlege nicht lange und lege eine Hose darüber.

Als wir aufbrechen wollen, bleibe ich plötzlich still. Dann fange ich an zu weinen.

Ich sage, es täte mir leid. Sie versteht nicht, dass ich mir furchtbare Sorgen um sie mache. Weil sie nichts weiter sagt, kann ich mich wieder fassen. Ich putze meine Nase, die voller Rotz war.

Auf dem Weg zum Hauptbahnhof treffe ich im Bus einen Arbeitskollegen. Die dunklen Wolken, die über uns schweben, geben mir den Rest. Ich kann mich nicht kollegial verhalten. Alles ist furchtbar gequält.

Wir verlassen den Bus. Im Bahnhof sage ich zu ihr, dass ich auf ungewöhnliche Verabschiedungen stehe. Aber am Perron angekommen, wartet schon der Zug, und ich sage nur »Tschüss«. Mit leisen Schritten entfernt sie sich und steigt ein.

Später erzählt sie mir, dass sie sich im Zug scheisse gefühlt habe. Ich glaube ihr.

Am nächsten Tag rufe ich sie an. Ich will wissen, ob sie gut nach Hause gekommen ist. Es fällt mir beim Telefongespräch auf, und das sage ich ihr auch, dass ich besser spreche, wenn ich tief durchatme. Sie unterbricht mich, weil ihre Mutter sie zum Essen ruft. Sie komme gleich, schreit sie zurück.

Um ihr den Pullover zurückzubringen, fahre ich mit dem Auto nach Basel. Als wir uns treffen, hat sie einen Rucksack dabei. Den Pullover übergebe ich ihr in einem roten, transparenten Plastiksack.

Sie erklärt mir, dass ihre Freunde bereits irgendwo im Park warten. Ich folge ihr durch das Tor.

Nach ein paar Minuten sehen wir ihre Freunde an einem Holztisch sitzen. Sie hören vorwiegend Rap-Musik und spielen Karten.

Schon als Kind habe ich nie gerne gespielt. Im Kindergarten gab es die Barby-Ecke oder den Bauernhof. Ich liebte bloss die magnetischen Kugeln.

Wir spielen ein Spiel, das ich nicht kenne, aber ich beherrsche es mit der Zeit. Mir fällt auf, dass sie beim Spielen einen krummen Rücken macht. Ich berühre sie an der Wirbelsäule, dann ist er wieder gerade.

Es läuft noch immer Rap. Irgendwann sage ich, ich hätte auch ein cooles Lied dabei. Es ist »Bessere Mönsch« von Tiggr. Einer ihrer Freunde meint, er wisse, warum er sich Tiggr nennt, und klärt mich darüber auf.

Ein anderer fragt Salome, ob er kurz mit ihr reden dürfe. Da habe ich Angst gekriegt.

Es fängt an zu dämmern. Ich habe kurze rote Hosen an. Die Mücken stechen mich und ich will nach Hause. Ich frage sie, ob ich sie mit meinem Auto mitnehmen soll. Sie antwortet, dass ihr Vater in der Umgebung wohnt und sie zu ihm gehen werde.

Wir brechen zu zweit auf und bewegen uns auf das Tor des Parks zu, durch welches wir hereingekommen sind. Als die Situation für mich unerträglich wird, meine ich zu ihr, ich müsse ihr etwas sagen. Ich erkläre ihr, dass ich sie nie mehr verlassen werde. Dabei schaue ich ihr tief in die Augen und es passiert etwas Unglaubliches. Es scheint, als würden Schnüre durch meine Augen und durch ihre Augen führen. Sechs Mal hin und zurück. Ich nehme das nur am Rande wahr. Wichtiger ist mir der Augenblick mit ihr.

Als sie sagt, dass ich jetzt gehen sollte, bin ich töricht und will nicht. Sie bleibt einfach stehen, ich auch. Wir schauen uns in die Augen. Ich denke: Wenn sie nicht diejenige sein will, die diesen Moment auflöst, tue ich es. Ich trete näher, sie weicht etwas zurück. Ich küsse sie.

Orientierungslos finde ich zur Tramstation zurück. Ich drehe mich noch einmal um und sehe sie davonlaufen.

Ich setze mich auf eine Wartebank. Mir ist unklar, ob ich von der Brücke springen will. Ich tue es nicht und laufe stattdessen durch die Strassen.

Bei einem Treppenaufgang rauche ich Zigarette um Zigarette und trinke Orangensaft.

Mir ist klar, dass es so nicht klappen wird. Ich bin es leid und beschliesse: Entweder gebe ich auf, oder ich breche es ab – ich gebe ihr ein Zeichen, und zwar so deutlich, dass ich mir selbst dabei wehtue.

Ich nehme mein Natel hervor und fange an zu schreiben: »Ich liebe di.«

Aber ich schicke es nicht ab. Ich ändere es, dann heisst es: »Ich hasse dich.« Ich weiss nicht, ob sie mich versteht.

Ich muss losmarschieren, zur nächsten Tramstation und wieder zurück. Es wird spät. Zitternd gehe ich zurück zu meinem Auto.

VIER

Während ich die nächsten Monate bangend auf die Resultate des Aids-Tests warte, bricht der SMS-Kontakt zu ihr ab. Ich mache mir viele Gedanken. Die Sorge um sie übernimmt dauernd die Kontrolle über mich. Ihr Bild ist wie eine verblassende Erinnerung.

Sie droht mir mit der Polizei, sollte ich nicht aufhören, ihr zu schreiben. Aber ich tue das nur für sie. Ich darf sie ja nicht loslassen.

Die Natel-Nummer hat sie gewechselt. Ich schreibe trotzdem weiter, obschon sie mir gar nicht mehr zuhört.

Am 31. Dezember 2012 wird der letzte Aids-Test vorliegen. Bis dahin muss ich warten.

In der Zwischenzeit gehe ich mit mir ins Gericht und beginne, an mir zu zweifeln. Das kann doch nicht sein, denke ich, es wird immer schlimmer!

In der WG ziehe ich mich immer mehr zurück. Schliesslich werde ich aus der Wohnung geworfen.

Ich fange an, meine Ängste und meine Träume aufzuschreiben. Ausserdem lese ich viel.

Ich finde ein Gedicht, das von den Gefühlen und Qualitäten der Menschen handelt:

Die Langeweile, der Wahnsinn, die Schönheit, der Stolz, die Liebe und alle anderen hatten sich zu einem Treffen versammelt. Sie wussten nicht recht, was sie miteinander anfangen sollten. Als die Langeweile zum dritten Mal gähnte, ergriff der Wahnsinn die Initiative. Wie immer sehr gewitzt, schlug er vor: »Lasst uns Verstecken spielen!«

Die Intrige hob die Augenbraue, aber die Neugierde konnte sich nicht mehr zurückhalten und fragte: »Verstecken? Was ist das?«

»Das ist ein Spiel«, sagte der Wahnsinn. »Ich verstecke mein Gesicht und fange an zu zählen, von eins bis eine Million. Inzwischen versteckt ihr euch. Wenn ich das Zählen beendet habe, wird der Erste von euch, den ich finde, meinen Platz einnehmen, um das Spiel danach fortzusetzen.«

Die Begeisterung und die Euphorie tanzten ausgelassen. Die Freude machte so viele Sprünge, dass sie den letzten Schritt tat, um den Zweifel zu überzeugen, und sogar die Gleichgültigkeit, die sonst keine Interessen hatte, machte mit.

Aber nicht alle wollten teilnehmen: Die Wahrheit bevorzugte es, sich nicht zu verstecken – wozu auch? Zum Schluss würde man sie immer entdecken. Der Stolz meinte, dass es ein dummes Spiel wäre (im Grunde ärgerte er sich, dass die Idee nicht von ihm kam), und die Feigheit zog es vor, nichts zu riskieren.

»Eins ... zwei ... drei ... vier ...«, der Wahnsinn begann zu zählen. Als Erste versteckte sich die Trägheit, die sich einfach hinter dem nächsten Stein fallen liess. Der Glaube stieg zum Himmel empor und die Eifersucht versteckte sich hinter dem Schatten des Triumphes, der es aus eigener Kraft geschafft hatte, bis zur höchsten Baumkrone zu gelangen.

Die Grosszügigkeit schaffte es kaum, sich zu verstecken, da sie stets glaubte, ein wunderbares Versteck für einen ihrer Freunde gefunden zu haben: Ein kristallklarer See – ideal für die Schönheit. Der Spalt eines Baumes – wie geschaffen für die Angst. Der Flug eines Schmetterlings – das Beste für die Wollust. Ein Windstoss – grossartig für die Freiheit. Sie selbst versteckte sich auf einem Sonnenstrahl.

Der Egoismus dagegen fand von Anfang an einen sehr guten Ort, luftig, gemütlich – aber nur für ihn allein. Die Lüge versteckte sich im Meeresgrund (aber nur zum Schein. In Wirklichkeit versteckte sie sich hinter dem Regenbogen). Die Leidenschaft und das Verlangen verbargen sich im Zentrum des Vulkans. Die Vergesslichkeit ... Ich habe vergessen, wo sie sich versteckte, aber das ist nicht so wichtig.

Als der Wahnsinn 999.999 zählte, hatte die Liebe noch kein Versteck gefunden. Alle Plätze schienen besetzt zu sein – bis sie einen Rosenstrauch erblickte und gerührt entschloss, sich in seinen Blüten zu bergen.

»Eine Million«, zählte der Wahnsinn und begann zu suchen. Die Erste, die entdeckt wurde, war die Trägheit, nur drei Schritte vom nächsten Stein entfernt. Danach hörte der Wahnsinn die Stimme des Glaubens, der mit Gott im Himmel über Theologie diskutierte. Die Leidenschaft und das Verlangen hörte er im Vulkan vibrieren. In einem unachtsamen Moment fand er die Eifersucht und so natürlich auch den Triumph. Den Egoismus brauchte er gar nicht zu suchen, ganz allein kam er aus seinem Versteck, das sich als Bienennest herausstellte.

Vom vielen Laufen empfand der Wahnsinn Durst, und als er sich dem See näherte, entdeckte er die Schönheit. Mit dem Zweifel war es noch einfacher, er fand ihn auf einem Zaun sitzend und grübelnd, auf welcher Seite er sich verstecken sollte.

So fand der Wahnsinn einen nach dem anderen. Das Talent hinter dem frischen Gras, die Angst in einer dunklen Höhle, die Lüge hinter dem Regenbogen (stimmt nicht, sie war im Meeresgrund), und sogar die Vergesslichkeit, die schon wieder vergessen hatte, dass sie Verstecken spielte.

Nur die Liebe tauchte nirgendwo auf. Der Wahnsinn suchte hinter jedem Baum, in jedem Bach dieses Planeten, auf jedem Berg. Und als er schon aufgeben wollte, erblickte er die Rosen. Mit einem Stöckchen fing er an, die Zweige zu bewegen, als auf einmal ein schmerzlicher Schrei ertönte. Die Dornen hatten der Liebe die Augen ausgestochen.

Der Wahnsinn war hilflos und wusste nicht, wie er seine Tat wiedergutmachen sollte. Er weinte, entschuldigte sich tausendmal und versprach der Liebe, für immer ihr Begleiter zu sein.

Seit dieser Zeit, als das erste Mal auf Erden Verstecken gespielt wurde, ist die Liebe blind und der Wahnsinn ist ihr Begleiter.

FÜNF

Ich habe Angst, dass ich kein guter Vater und kein guter Grossvater sein werde.

An einem Tag im November, es ist der 11.11.2013, komme ich am Bahnhof in Hasle-Rüegsau an. Dort wohnen meine Eltern, ich war dort aufgewachsen.

Meine Mutter wartet im Auto auf mich. Ich habe mein Gefühl ausgeschaltet. Sie möchte mir im Auto einen Kuss geben. Ich lehne ab, sage ihr, dass sie aufhören soll, mir Küsse zu geben. Dafür sei ich zu alt.

Sie zählt mir auf, was sie alles für uns getan hätte, ich solle sie nicht so deprimieren. Ich schreie sie an: »Jetzt hör endlich auf, mein Mitleid erregen zu wollen!«

In diesem Moment scheint in meinem Kopf ein Baum alle Äpfel zu verlieren. Es ist wie ein Regenschauer, der von oben nach unten geht. Ich stutze. Was war das?

Ich fange an, Tagebuch zu schreiben, denn die Reaktion meiner Mutter gegenüber war merkwürdig. Aber es hat sich gut angefühlt.

Ich rasiere mir alle Haare ab und fliehe. Mit einem Rucksack fahre ich nach Hamburg. Ich gehe in irgendeine Jugendherberge, wo ich noch Platz finde. Dort lerne ich jemanden kennen, der unter Tinnitus leidet und mir ein Buch schenkt. Ich solle es lesen.

Wieder zu Hause in Bern, lese ich das Buch und kiffe. Meine innere Stimme fängt an, mit mir zu reden.

Ich nehme sie wahr. Ich beginne zu schreiben. Es soll meine Biografie werden. Ich möchte erklären, wieso ich der wurde, der ich bin. Ich rauche einen Joint. Ich atme ganz langsam durch meinen Bauch. Dabei merke ich, wie eine Energie in mir hochfliesst, die sich dann wieder verflüchtigt. Ich glaube, dass ich introvertiert war, bis ich mich im Auto von meiner Mutter löste.

SECHS

Der letzte Kontakt zu ihr war am 28.08.2012. Ihr Freund hatte mir telefonisch mitgeteilt, dass sie jetzt zusammen seien.

Ich glaube nicht daran. Ich vermute, sie hat ihr Natel ihrem Bruder gegeben und mir das bloss vorgespielt.

Ich werde nun noch wahnsinniger. Alles geht unaufhaltsamer seinen Gang und die Angst, es könnte vorbei sein, wächst. Ich gebe sie aber niemals auf, das habe ich ihr im Park versprochen. Ich glaube.

Ergebnis des HIV-Tests, 31.12.2012:

Hiermit bestätigen wir, dass beim soeben durchgeführten Test keine Antigene und Antikörper gegen HIV-1+2 (Aids-Virus) nachgewiesen werden konnten.

Aufgrund Ihrer Aussage, dass Sie in den letzten 12 Wochen keine Risikosituationen hatten (Geschlechtsverkehr ohne Kondom; Kontakt mit Sperma oder Menstruationsblut bei oralen Sexualpraktiken, Kontakt mit Lusttropfen, Sperma, Blut bei analen Sexualpraktiken) bestätigen wir, dass Sie HIV-negativ sind.

Die Präventions-Pflegefachfrau
Inselspital Bern

Ich hatte ihr bis zum 31.12.2012 Nachrichten auf ihrem Mobiltelefon gesendet. Als ich die Testbestätigung in den Händen hielt, dachte ich: Jetzt wird alles gut.

Ich schrieb ihr am Dreikönigstag an ihre Geschäfts-E-Mail-Adresse, die ich im Internet durch Experimentieren ausspioniert hatte. Aber alles ging nicht so, wie ich wünschte.

Natürlich schrieb ich ihr nichts von dem Aids-Test. Das musste ich ihr, wennschon, persönlich sagen. Ich musste ihr erzählen, dass ich ihr keine Commitments machen konnte und deshalb das ganze aus dem Ruder lief. Sie wollte nichts von mir wissen und meinte, dass sie mich bei der Polizei anzeigt, wenn ich nicht aufhöre, ihr zu schreiben.

Es war noch Winter und ich reiste in das abgelegene Dorf, in dem ihre Mutter wohnt. Sie hat mir gesagt, in welchem Dorf ihre Mutter wohnt. Die Adresse wusste ich nicht. Deshalb klingelte ich an mehreren Haustüren und fragte auf Französisch, ob jemand sie kenne. Die Häuser waren alle alt.

In der Nähe der Kirche sagte mir eine Frau, dass sie direkt gegenüber wohne. Ich trug eine schwarze Mütze, eine Lederhandtasche, gefütterte Lederschuhe von Converse und die Jacke von meinem Vater. So klingelte ich an der Tür und ihre Mutter öffnete.

Ich konnte ihr nicht sagen, dass ich in Kauf genommen hatte, ihre Tochter womöglich mit Aids zu infizieren.

Ihre Mutter sagte mir, sie wolle mich nicht mehr sehen. Sie sei ohnehin nicht mehr hier wohnhaft.

Auf der Arbeit lief es schlechter, es war zu viel. Ich musste auf der Arbeit immer einen klaren Kopf bewahren, das war notwendig. Denn ich hatte sehr viel Arbeit zu erledigen, und nachdem ich ein grosses ausserordentliches Projekt durch eine Präsentation vor 300 Menschen abgeschlossen hatte, musste ich mir eine Auszeit nehmen. Die Würdigung meiner Leistungen und den Applaus von der Menge habe ich mit einem kleinen Nicken beantwortet. Mein Kopf war so beschäftigt und meine Sinne waren so ausgedehnt, dass ich von den Leuten und ihrem Verhalten nichts mehr mitbekam. Stattdessen kriegte ich jetzt andere Dinge mit.

Ich begab mich in psychiatrische Behandlung und nahm Medikamente. Ich hatte angefangen, dem Wahnsinn zu vertrauen.

Zu der Zeit unternahm ich immer wieder Besuche bei ihrer Mutter und wir kamen ins Gespräch. Ich hoffte, ihre Mutter würde den Kontakt zu Salome wiederherstellen. Beim ersten Besuch erzählte sie mir, dass sie früher fast am Alkohol gestorben sei und dass sie immer ein selbstbestimmtes Leben führen wollte. Sie lebte zeitweise von ihrem Mann getrennt, nur ihr Sohn wohnte noch bei ihr. Ich musste auch dauernd fast sterben, aber ich hörte nur noch auf die Liebe und darauf, wie und was ich deshalb sagen oder tun durfte. Sie habe jemandem als Kind einen Liebesbrief geschrieben und wurde enttäuscht. Deshalb schrieb ich ihr mein Lieblingszitat von Shakespeare auf:

»Nichts weiß ein liebend Mädchen, bis sie weiß:
Allein das Unerreichte steht im Preis,
Und so hat niemals noch ein Weib empfangen
Liebe so süß, wie ihr gewährt Verlangen.
Drum folg ich diesem Spruch der Liebessitte:
Gewähren bringt Befehl, Versagen Bitte;
Und mag mein Herz auch treue Lieb empfinden,
Nie soll ein Blick, ein Wort sie je verkünden.«

Ich ging wieder zur Arbeit und es lief weiterhin schlecht. An einem Montag liess mich mein Wahnsinn nicht in Ruhe. Er nahm immer weiter zu. Und ich hatte hohen Anforderungen als Kader auf einer öffentlichen Verwaltung zu genügen.

Eines Tages, als ich nichts mehr wahrnahm und es nicht mehr aushielt, lief ich von der Arbeit weg. Ich hatte den Entschluss gefasst, sie persönlich zu besuchen. In Basel.

1. Korinther 13

1. Wenn ich mit Menschen- und mit Engelzungen redete und hätte die Liebe nicht, so wäre ich ein tönendes Erz oder eine klingende Schelle.

2. Und wenn ich prophetisch reden könnte und wüsste alle Geheimnisse und alle Erkenntnis und hätte allen Glauben, sodass ich Berge versetzen könnte, und hätte die Liebe nicht, so wäre ich nichts.

3. Und wenn ich alle meine Habe den Armen gäbe und liesse meinen Leib verbrennen, und hätte die Liebe nicht, so wäre mir's nichts nütze.

4. Die Liebe ist langmütig und freundlich, die Liebe eifert nicht, die Liebe treibt nicht Mutwillen, sie bläht sich nicht auf,

5. sie verhält sich nicht ungehörig, sie sucht nicht das Ihre, sie lässt sich nicht erbittern, sie rechnet das Böse nicht zu,

6. sie freut sich nicht über die Ungerechtigkeit, sie freut sich aber an der Wahrheit;

7. sie erträgt alles, sie glaubt alles, sie hofft alles, sie duldet alles.

8. Die Liebe hört niemals auf, wo doch das prophetische Reden aufhören wird und das Zungenreden aufhören wird und die Erkenntnis aufhören wird.

9. Denn unser Wissen ist Stückwerk, und unser prophetisches Reden ist Stückwerk.

10. Wenn aber kommen wird das Vollkommene, so wird das Stückwerk aufhören.

11. Als ich ein Kind war, da redete ich wie ein Kind und

dachte wie ein Kind und war klug wie ein Kind; als ich aber ein Mann wurde, tat ich ab, was kindlich war.

12. Wir sehen jetzt durch einen Spiegel ein dunkles Bild; dann aber von Angesicht zu Angesicht. Jetzt erkenne ich stückweise; dann aber werde ich erkennen, wie ich erkannt bin.

13. Nun aber bleiben Glaube, Hoffnung, Liebe, diese drei; aber die Liebe ist die Grösste unter ihnen.

SIEBEN

Ich betrachtete das Gebäude, in dem sie arbeitete.
Es war riesig und es hatte mehrere Eingänge.

Die Adresse hatte ich aus dem Internet. Ihr Arbeitgeber hatte auf seiner Webseite Steckbriefe mit Fotos aller Mitarbeiter veröffentlicht. Mittlerweile wusste ich, was der Schlüssel zum Erfolg war: Ich kaufte in einem Blumenladen in der Nähe eine Rose und wartete beim Haupteingang auf sie.

Ich harrte drei Stunden aus, bis jemand herauskam. Es war ihr Chef. Sie kam nicht.

Nach einem ungemütlichen Schlaf in der Telefonkabine in der Nähe des Gebäudes wartete ich wieder. Ich sah mehrere Personen an mir vorbeigehen. Manche grüssten, andere beleidigten mich.

Am zweiten Tag hatte ich zwei Bibeln, ein Champagnerglas, Pralinés und Goldmelissentee dabei. Bei der Kirche, auf der Treppe, fiel ich in meinem Anzug auf die Knie. Ich betete zu Gott.

Ich nahm das Champagnerglas, goss etwas Goldmelissentee hinein und trank. Als es leer war, zerbrach ich das Glas in meiner Hand.

Ich nahm meine Sachen und lief umher. Da bemerkte ich, dass ich blutete. Das Blut lief über die Bibeln, auf denen stand: »Hoffnung für alle«.

Meine Mutter schrieb mir eine SMS, ich solle zu einer Frau gehen, die im Nachbardorf wohnte. Sie meinte, dass ich dort Antworten auf meine Fragen finden würde. »Mein lieber Sohn«, leitete sie die Nachricht ein.

Ich schrieb zurück, ob das meine Mutter sei. Und sie antwortete mit »Ja«. Ich dachte, ich wäre adoptiert worden.

Ich fühlte Unabhängigkeit und uneingeschränkte Kraft in mir. Eine übermächtige Kraft für alles, das noch kommen sollte.

Die Nacht verbrachte ich im Bahnhof auf einer Bank. Sie war aus Stahl und sehr ungemütlich. Ich wusste nicht weiter.

Am dritten Tag wartete ich erneut. Abends hängte ich die Rose an eine Windschutzscheibe, um sie Minuten später wieder einzusammeln. Dasselbe wiederholte sich mehrmals an verschiedenen Stellen. Die Rose sah so aus, wie ich mich fühlte. Sie hatte ihre Dornen verloren, war am Verdursten, hatte Knicke und war zerfleddert.

Ich schrieb ihrem Chef, dass ich aufgebe und eine Rose auf dem Briefkasten des Gebäudes deponiere. Was ihr Chef mit dieser Information anfangen sollte, darüber machte ich mir keine Gedanken.

Die Rose, die ich hinterliess, hatte ich neu gekauft; die alte, verwelkte begrub ich in meiner Tasche.

Ich ging zum Bahnhof, löste ein Ticket und stieg in den Zug Richtung Bern. Als ich an einem Abfalleimer vorbeikam, zog ich die welke Rose hervor, knüllte sie zusammen und warf sie in den Müll.

Im Zug, noch vor der Abfahrt, wechselte ich mehrmals den Platz. Irgendetwas stimmte mit mir nicht. Da dachte ich an die Rose.

Ich sprang aus dem Abteil und rannte zurück zum Abfalleimer. Obwohl ich mir geschworen hatte, nie mehr im Müll zu wühlen, nahm ich all meinen Mut zusammen.

Ich fand die Rose und trug sie wie ein verletztes Tier zurück zu dem Gebäude, in dem Salome arbeitete.

Auf der Fensterbank im ersten Geschoss hatte ich zwei

Pflanzen gesehen. Sie erinnerten mich an ihr Foto neben dem Steckbrief, den ich im Internet entdeckt hatte. Waren nicht diese beiden Pflanzen im Hintergrund darauf zu sehen? Ich ahnte, dass es ihr Büro sein könnte. Sicher hatte sie sich an ihrem Schreibtisch fotografieren lassen.

Ich ging in den Vorraum beim Haupteingang. Weiter kam ich nicht. Die Tür, die zu den Büroräumen führte, war abgesperrt. Gerade kam ein junger Mann heraus, dem ich die Rose übergab. Ich bat ihn, sie ihr zu geben.

Ich wollte gehen, drehte mich dann aber um, um alles mit anzusehen. Die Sicht auf sie war uneingeschränkt. Vorher hatte ich nie in die Fenster geschaut, sonst hätten sie mich bemerkt und die Polizei gerufen. Ich sah ihr Mitgefühl, welches sie auf die Rose übertrug, und meine erhoffte Erlösung. Meine innere Stimme sagte mir, ich müsse jetzt gehen, aber ich sagte: »Ich will Frieden.« Als ich mich zu erkennen geben wollte, schaute mich ihre Kollegin an und schüttelte den Kopf. Sie begriff nicht die Dimension dieses Augenblicks. Sie machte Salome auf mich aufmerksam.

Als sie mich sah, war es bereits zu spät. Sie kam ans Fenster und zog den Vorhang zu.

Ich konnte ihr nicht sagen, dass ich gekommen war, um ihr von dem Aids-Test zu erzählen. Ich drehte ab und ging in ein Hotel.

ACHT

Meine Freunde, meine Eltern und mein Arbeitgeber hatten eine Gefährdungsmeldung bei der Kindes- und Erwachsenenschutzbehörde (KESB) eingereicht. Deshalb wurde ich von der KESB kontaktiert. Ich sagte ihnen, ich hätte alles im Griff und würde nun von Bern zu meinen Eltern ziehen. Meine Vermieterin und mein Arbeitgeber hatten mir sowieso gekündigt.

Als ich wieder zu Hause war, ging ich eines Tages zu meiner Mutter. Ich sagte ihr, sie solle wieder dorthin zurückgehen, wo sie hergekommen war. Nach Hause. Auf ihren elterlichen Bauernhof.

Ich gab ihr die Schuld an allem. Sie hatte mir Gewalt angetan und mich einmal aus Verbitterung angeschrien. Ich war damals in der sechsten Klasse und meine Mutter hatte vorher einen Nervenzusammenbruch erlitten.

Später kam die Polizei. Sie warfen mir vor, meine Mutter bedroht zu haben. Das stimmte nicht. Das hatte sie geträumt. Ich war mir sicher, dass mit ihr etwas nicht stimmte. Sie verschloss ihr wahres Ich. Das fühlte ich.

Man brachte mich in die Klinik Bättlerchuchi und ich begann, alles zu reflektieren. Aber ich sagte kein Wort. Ich wartete. Es war die schlimmste Zeit meines Lebens. Ich wurde zwangsbehandelt, das heisst, auf ein Bett gefesselt und mit Spritzen, die ich satt hatte, ruhiggestellt. Sie nannten es Liebeswahn.

Ich folgte einer merkwürdigen Spur von Anomalien. Meine Wahrnehmung war viel weiter ausgedehnt als normal. Aber ich hatte immer den Durchblick und fühlte mich stabil. Ich vermutete alles Übel bei meiner Mutter.

Ich wusste, dass man Mütter für alles verantwortlich macht. Aber war es richtig?

Am ersten Tag in der Klinik bin ich geflohen, weil sie mir die Verfügung mit Rechtsmitteln vorenthielten. An der Autobahnraststätte war die Flucht schon zu Ende, weil ich meine Eltern angerufen hatte. Ich konnte ihnen nicht trauen, das wusste ich jetzt. Ich hatte niemanden mehr auf der Welt. Niemand half mir. Ich kämpfte von nun an wie ein Krieger. Und las die gesamte Bibel.

Ich atme, ich gehe, ich spreche, ich mache alles, was mein Gewissen mir sagt. An jedes Gespräch, das ich führe, erinnere ich mich – Wort für Wort. Ich reflektiere den gesamten Inhalt.

Trotz verschärfter Bedingungen gelang mir die erneute Flucht. Mein Weg führte mich wieder in den Jura. Ich kaufte einen Ring.

Als ich die Hauptstrasse entlanglief, fuhr ihre Mutter mit dem Auto an mir vorbei. Sie parkte vor dem Haus und schob dann den Rasenmäher vor sich her. Ich fragte sie, was ich mit meinen letzten zwei Zigaretten machen soll. Sie sagte, ich solle sie rauchen.

Eine rauchte ich, die andere steckte ich mit dem Ring in die Zigarettenverpackung. Diese legte ich auf das Autodach. Ihre Mutter wirkte irgendwie wütend, während sie den Rasen mähte. Vielleicht hatte sie mich beobachtet.

Dann ging ich zurück in die Klinik.

Ein paar Tage später war Salomes Geburtstag. Ich bastelte eine Puppe aus Büchern, Kleidern und einem Helm. Ausserdem schnitt ich mir ein paar Haare ab und legte sie unter die Kapuze. Das Ganze deckte ich mit der Bettdecke zu und floh.

Am frühen Nachmittag traf ich im Dorf ein.

NEUN

Ihre Mutter rief auf der Stelle die Polizei. Ich fuhr mit meinem roten Fahrrad in Richtung eines Waldweges. Aus sicherer Entfernung sah ich den Polizeiwagen kommen. Ich wartete, bis er wieder weg war, und fuhr ein zweites Mal zu ihr. Und wieder rief sie die Polizei.

Ich floh erneut in den Wald. Dort versteckte ich mich, dachte nach, bereute alles, was ich getan hatte, hörte den Grillen zu und lauschte auf mein Herz.

Als ich wieder zum Haus fuhr, sah ich durchs Fenster. Ihr Vater sass am Küchentisch und schrieb etwas. Ich klopfte an die Tür. Keiner öffnete.

Ich wandte mich um, entfernte mich langsam vom Haus. Doch da fragte eine Frauenstimme: »Hat dir meine Mutter nicht gesagt, du sollst nicht mehr hierherkommen?«

Ich traute meinen Ohren nicht. Noch bevor ich sie sah, hatte ich sie erkannt.

Ich sagte ihr, wenn sie die Wahrheit wissen wolle, dann würde ich sie ihr sagen, und blickte sie an. Ich wollte mich ihr nähern, aber sie wich einen Schritt zurück. Das respektierte ich.

Ihre Mutter kam aus dem Haus und fragte, ob sie wirklich mit mir reden wolle. Mutter und Tochter verband ein Blick.

Als ihre Mutter hineingegangen war, sagte ich, ich hätte Angst gehabt, sie infiziert zu haben, damals, als sie bei mir war. Sie hörte gar nicht zu.

Im Streit merkte ich plötzlich, dass sich die Energie löste, die wie eine Zündschnur hinter meinen Augen vorüberzog. Ich war mir sicher, dass es die sechs Schnüre waren, die im Park zwischen uns verkehrt hatten und die sich jetzt wieder lösten.

Ich glaubte, jetzt nicht mehr an ihr hängen zu müssen, und tat von nun an alles freiwillig. Mein Leben lag nicht mehr in ihrer Hand. Ich nahm es wie einen Anlauf wahr. Als ich ihr sagte, was Liebe sei, fragte sie mich, ob das am Fenster bei ihrer Arbeit auch Liebe war.

Das hätte ich sie eigentlich fragen müssen.

Wieso verdrehte sie alles?

Sie sagte, sie würde mir mit Pfefferspray in die Augen sprühen, wenn sie mich noch einmal sehen würde. Ich fragte sie, ob sie dieses in ihrer Handtasche aufbewahre.

Jetzt wurde sie zornig. Sie sagte, dass ich von ihr aus tot umfallen und in irgendeinem Graben landen solle. Meine Stimme brach ab. Die Zukunft war offen.

Sie schloss leise die Türe und ich sah dabei ein wenig Mitgefühl in ihrem Gesicht. Von nun an fing ich an, ohne Verpflichtung an mir weiterzuarbeiten, weil ich doch nicht ganz mit mir zufrieden war.

Während der ganzen Zeit, seit ich sie kannte, hatte ich in meinem Körper eine bewegende Energie wahrgenommen. Zuerst eine feinstoffliche, wie magnetische Felder, bis hin zu Fäden, die sich durch den ganzen Körper pressten.

Mit der Zeit konnte ich ein regelmässiges Klicken im Kopf erzeugen, ähnlich wie ein Zündfunken. Ich brachte hunderte Stunden damit zu, dieses Klicken zu erzeugen. Wieso ich das tat, weiss ich nicht. Es war besser, als es nicht zu tun.

Mit meinem Körper, meinem Geist, meiner Seele, oder, einfach gesagt, mit meiner Energie stimmte etwas nicht. Daran musste ich arbeiten. Ein enormer Aufwand, wie wenn man jeden Grashalm eines Fussballfeldes einzeln ausreisst.

Ich begriff, dass es Erkenntnisse gab, die mit dieser Energie zusammenhingen. Dass es keine Einbildung war, merkte ich, als nach eineinhalb Jahren die ganze Energie eine neue Form annahm.

In meinem Bauch erzeugte etwas einen Schaum. Und immer, wenn ich dachte, ich wäre am Ziel, machte ich weiter.

Ich fuhr noch einmal ins Dorf zu ihrer Mutter. Während der ganzen Zugfahrt hielt ich meine Gedanken durch dauerndes Denken zusammen. Ich verfolgte einen roten Faden. Das musste sein. Falls ich ihn verloren hätte, wäre ich umgekehrt. Es war unheimlich anstrengend. Ich konnte kleinste Veränderungen in der Realität wahrnehmen.

Es war Abend, als ich ankam. Weihnachtszeit. Hinter den Fenstern ohne Vorhang brannte eine Kerze. Ich klopfte an die Scheibe.

Ihre Mutter kam ans Fenster und betrachtete mich. Hinter ihr an der Wand hing ein Bild von Jesus Christus. Sie nahm die Kerze und blies sie aus. Das bedeutete für mich Ungnade.

Ich übernachtete im nahe gelegenen Entsorgungshof. Zum Glück hatte ich meinen Schlafsack mitgenommen.

Am Morgen hörte ich Hühner gackern und hatte furchtbaren Hunger. An einem Bächlein trank ich Wasser und fand ein paar von Schnecken angeknabberte Äpfel. Die Besitzer der Bäume waren bei der Apfelernte sehr gründlich gewesen.

Ich hatte wieder Körperempfindungen. In meinem Bauch drückte ich etwas umher. Vom Wahnsinn ergriffen, verlor ich fast das Bewusstsein, weil ich mich so sehr anstrengte. Die Hühner gackerten unaufhörlich. Aber da drehte sich diese Energie. Ich liess wieder locker. Ich hatte irgendeine Energie, die ich in meinem Bauch spürte, überdreht.

Um die Mittagszeit hörte ich zwei Autotüren knallen. Jemand hatte die Polizei gerufen. Unter ihrer Aufsicht rollte ich meinen Schlafsack zusammen. Sie starteten ein Gespräch mit jemandem, der gerade PET entsorgte. Ich war immer der Meinung, dass das Leben bei der Abfalltrennung anfängt.

Plötzlich ergriff ich die Flucht. Ich rannte um mein Leben die Strasse entlang und schrie: »Follow me!« Ich wollte zurück zu ihrem Haus.

An der Kreuzung bog ein Auto in die Strasse ein, auf der ich gerade rannte, die Polizei war mir dicht auf den Fersen. Um zu verhindern, dass der Fahrer mir die Türe in die Beine schlug, machte ich eine scharfe Kurve und glitt mit meinen alten Schuhen aus.

Ich lag am Boden. Mein Herz pochte. Ich betrachtete meine Hände. Kein Blut.

Ich stand auf und rannte weiter. In meiner linken Jackentasche hatte ich eine Pralinébox in der Form eines Herzens. Darin befand sich etwas aus Metall. Es war ein Herz aus Gold. Ich liess es auf die Strasse fallen. Von dem Gewicht befreit lief ich schneller.

Ich zog meine rote Jacke aus, um die Polizisten damit zu beschäftigen, meine Sachen wieder einzusammeln.

Als ich das Haus erreichte, öffnete ich die Haustüre und ging einfach hinein. Ich liebte Häuser, und vor allem das hier.

Ich lief durch eine weitere Tür und rief: »Die Polizei kommt!«

Ihre Mutter antwortete: »Die kommt sicherlich nicht wegen mir.«

Sie nahm mich mit auf den Vorplatz. Als der Polizist kam, legte er mir Handschellen an. Er hatte alle meine Sachen eingesammelt und bewahrte sie für mich auf.

Ich gestand ihr, dass ich im Entsorgungshof übernachtet hatte. Dafür bekam ich etwas zu essen. Selbstgebackenes Brot mit Kümmel.

Sie redete mit einem aufgebrachten Polizisten. Ich sah, wie ein goldener Lichtstrahl die Augen der beiden miteinander verband. Ich störte ihren Blick und bekam eine elektrische Ladung verpasst. Ich fühlte mich innerlich leer und verletzt.

Als die Ambulanz kam, gab sie mir zwei Brownies, einen Apfel, eine Flasche Wasser und drei Scheibchen Brot mit.

ZEHN

Wenn ich die Medikamente brav nahm, durfte ich am Wochenende nach Hause. Sie zeigten bei mir keine Wirkung. Ich musste sie trotzdem nehmen, sonst gab es die Spritzen, gefolgt von Isolation auf einem Bett mit Gurten und einem Behälter zum Pinkeln.

Als ich an einem Sonntag auf dem Weg zurück in die Klinik war, traf ich auf eine frühere Schulkollegin. Sie erzählte mir, dass ihre Eltern ihr Zuhause verkauft hatten und nun nicht mehr in diesem Ort wohnten.

An einem anderen Tag floh ich erneut aus der Klinik und ging zum Gurtenfestival. Ich trug lange schwarze Haare und ein buntes Versace-Hemd mit schwarzen Jeans. Es gab Kameras. Die Security spürte mich auf und übergab mich der Polizei, die mich zurück in die Klinik Bättlerchuchi brachte. Sie hatten mich polizeilich ausgeschrieben und mein Foto vom Führerschein zur Fahndung verwendet.

Ich nahm meine blutigen Bibeln und verbrannte sie. Ich hatte keine Kraft mehr für Gott. Ich wollte aufgeben. Er gab mir seine Kraft bis zum Schluss. Aber ich wollte nicht mehr.

Zusammen mit dem goldenen Ring, den ich zu früh für Salome gekauft hatte, übergoss ich alles mit Benzin und zündete es an. Leider war am nächsten Tag nicht alles verbrannt. Es flogen noch ein paar Fetzen Papier umher. Den Ring barg ich mit meinen blossen Händen aus der verkohlten Asche.

Ich war wie ein Computer. Ich trug 24 Stunden pro Tag ein Mobiltelefon oder ein Tablet mit mir herum. Jeden Gedanken, den ich hatte, schrieb ich in meine Notizen. Zudem überprüfte ich jeden Gedanken darauf, ob ihm ein anderer zugrunde liegen könnte. Ich fertigte ein digitales Abbild meines Selbst an. Alles, was ich tat, tat ich für sie.

Ich versuchte immer, auf mein Innerstes, auf die Stimme in mir, auf das höchste Gefühl zu hören. Wenn mir etwas nicht willkommen war, spürte ich mein Herz und wartete, bis die richtige Antwort kam.

Ich fand immer wieder Anomalien in der Realität, also dachte ich, dass die Ereignisse nicht zufällig geschähen und ich auf dem richtigen Weg sei. Auch wenn alles gegen mich stand, gab ich nie auf.

Ich schlief immer weniger, analysierte meine Träume. Aber diese enthielten nichts, was mich weiterbrachte. Tag und Nacht schrieb ich meine Gedanken auf.

Eines Tages sagte mir meine Mutter, dass sie zu einem Nachbarn gehen und ihm eine Flasche Baileys bringen wolle. Ich fand das komisch, dieses Ereignis überkam mich wie eine Vorahnung auf zukünftige Geschehnisse. Ich konnte nicht weiterdenken.

Dann überkam mich ein Gedanke, den ich nicht ausführen wollte. Ich habe ihn eingeordnet und ihn nicht befolgt. Komischerweise kam er ein zweites Mal und ich wusste, dass es sein musste. Ich weinte. Ich gewichtete meine Gedanken höher als meinen Verstand. Also tat ich, was mir der Gedanke sagte. Und ich gehorchte Gott. Und dann sagte ich innerlich ganz gequält: »Siehst du, was ich für dich tue.«

Als sich mein Herzschlag bis in den Kopf übertrug, hörte ich auf. Es hatte wieder Luft in mein Auge gesogen. Das war schon zweimal im Beisein ihrer Mutter geschehen. Einmal, als ich sie fragte, ob ihr Auto noch unversehrt sei, nachdem ich es versehentlich mit Amicellis beworfen hatte. Und ein zweites Mal, als ich sie fragte, ob ich ihre Tochter heiraten darf. Sie antwortete mir, dass ich ein totales Arschloch sei.

Doch dieses Mal sollte es das letzte Mal sein, dass es Luft in mein Auge sog.

In der Nacht drehte sich etwas in meinem Auge zweimal um die eigene Achse. Ich dachte, ich sterbe. Dann fing es an.

Rund zwei Wochen dauerte es. Etwas spulte sich von meinem Kopf in den Körper ab, wie eine Schnur. Aus jeder Hirnhälfte je eine. Ich konnte es kaum glauben. Die Fäden gingen überall hin. Nicht in die Knochen, sondern in das Fleisch. Doch ich weiss nicht genau, was sie machten. Es fühlte sich einfach leichter an.

Es war zwar anstrengend, aber ich brauchte nur noch dabei zu sein. Ich verlor die grosse Anspannung meines Körpers, sodass ich wusste: Hier ist das Ende. Ich war am Ziel.

Die Aufklärung, warum das alles passiert war, kam leicht verzögert. Es hing mit einem Erlebnis aus meiner frühen Kindheit zusammen. Damals, noch vor dem ersten Tag im Kindergarten, wurde ich traumatisiert. Von ebendiesem Menschen, den ich im Zug wiedergetroffen hatte, und dessen Haus seine Eltern verkauft hatten.

Ich konnte mich plötzlich wieder an dieses Ereignis erinnern, als wäre seitdem kein einziger Tag vergangen. Das Trauma hatte sich selbst konserviert. Ich tat aber weiter so, als wäre ich noch nicht fertig. Ich glaubte an die Liebe. Das tat ich zur Absicherung ohnehin jedes Mal, wenn ich dachte, ich hätte gesiegt. Bloss um sicherzugehen. Und allzu oft ging es dann noch weiter.

Ich schenkte ihr einen Rosenstrauss mit 99 Rosen. Der bedeutete, dass ich sie liebe, solange ich lebe. Ich wollte gar nicht mehr wissen, wie es sein würde, ohne sie zu leben.

Meine Mutter hatte mir einmal gesagt, ohne mich hätte sie sich umgebracht. Mir blieb nichts erspart und jedes Geheimnis investierte ich wieder. Nichts wollte ich behalten. Ich hatte meinen Geist, der mit der Energie in meinem Körper nicht verbunden war, damit verkoppelt. In mühevollster Kleinstarbeit, die drei Jahre dauerte.

Es durfte sein, dass sie mich verlässt, aber die Wirklichkeit schien mir dann nicht mehr zu gefallen.

Jeder wollte, dass ich sie fallenlasse. Doch sie war die Motivation, um mich wieder zusammenzuflicken, sodass ich trotz grösster Diskrepanz immer mehr an ihr festhielt. Die Erfahrung zeigte mir, dass es der richtige Weg war und dass alle ständig Unrecht hatten.

Ich hatte auch viel Glück, obwohl ich das nie so richtig sah. Die ganze Sache mit dem Aids-Test und dass ich so lange darum kämpfen musste, ihr davon erzählen zu können, hat das überhaupt erst ermöglicht.

ELF

Das Trauma begann noch vor dem Kindergarten, ich war damals vier Jahre alt. Am Kennenlerntag mussten unsere Mütter ein Haus zeichnen. Die Bilder wurden an einer Korkwand befestigt.

Ein Mädchen kam zu mir und fragte mich, welches meines sei.

Ich betrachtete die Bilder und wurde plötzlich nachdenklich. In meinem Kopf setzte sich etwas in Bewegung. Ich wusste, welches Bild meines war, und auch, welches Haus das schönste. Aber ich dachte weiter, und sogleich verlor ich die Erinnerung an das, was ich in meinem Kopf zuvor gefühlt hatte, und konzentrierte mich einen kurzen Augenblick darauf, was das Mädchen sah.

Sie sah nicht mich. Sie sah nicht auf die Bilder. Sie hatte ihre Frage bereits vergessen. Sie sah zwei spielenden Kindern zu. Aber ich vertraute ihr.

Mein Blick kehrte, wie die Falle zugeschnappt war, wieder zurück. Ich wollte noch etwas anderes denken und doch waren meine Worte: »Mis isch z'schönschte.«

Ohne mir preiszugeben, auf was sie sich bezog, schrie sie: »Das darf mä nid sägä!«

Die Energie in meinem Kopf rutschte ab. Sie hatte nicht aufgepasst, hatte sich nicht für mich und meine Antwort interessiert.

Es kam keine Wut. Ich war fortan der Wut wie beraubt. Ich verlor nicht nur meinen Gedanken, ich verlor die Bewegung meiner Gedanken. Die Quelle. Während diese fielen, sah ich nur zu. Ich konnte nichts tun. Ich hatte nichts falsch gemacht. Ich wusste noch gar nichts. Nichts verriet etwas, ausser, dass ich mich nicht mehr beruhigen liess in meiner Verzweiflung. Ich habe das einzig Richtige getan: Ich habe nicht mehr darüber nachgedacht. Dieses Ereignis war für mein zukünftiges Leben einschneidend. Ich dachte zuerst, jemand könne mir helfen, aber ich wurde enttäuscht.

Schliesslich kam meine Mutter zu mir und fragte mich, was passiert sei. Ich gab keine Antwort. Sie schrie mich an und sagte: »Christoph, rede mit mir.« Und ich sagte bloss »Ja.« Und dann blieb es so.

So blieb ich, bis in mir genügend Material vorhanden war, um Dingen aus dem Nichts einen Sinn zu geben. Ich fand Anomalien, die noch mit den Bildern, dem Haus auf dem Bild, verbunden waren. Denn es gab keinen einzigen Gedanken, den ich vor diesem Erlebnis hatte. Es ist alles direkt bei der Entstehung des Bewusstseins kaputt gegangen.

Mein Beruf hatte mit Häusern zu tun. Die Anomalien waren die einzigen Anhaltspunkte, und sie waren äusserst selten. Es war merkwürdig, wenn ich eine fand. Und dieses merkwürdige Gefühl war alles, was ich dann von der realen Welt zu spüren begann. Vorher gab es nichts.

Ich erhielt 20 Jahre lang keine Resonanz. Das Kind hat sich nie entschuldigt, hat sich nicht einmal umgedreht oder etwas gesagt.

Ich hatte keine Kindheit, keine Mutter, keinen Vater, keine Schwester, keinen Bruder, keine Familie, keine Freunde, niemanden.

Und niemand merkte es. Nur durch die Liebe, welche auf alles zutraf, wusste ich, dass es so nicht sein sollte, nicht sein kann. Und behandelt wurde diese Liebe, als gäbe es sie gar nicht. Die Liebe wurde durch das Trauma einfach nicht transportiert.

Seit ich mein Trauma lösen konnte, konnte ich viel freier denken. So beschloss ich, etwas Grosses zu tun. Ich wollte mich zeigen.

Ich war gerade auf einem Bauernhof bei einem Praktikum und musste zur Abwechslung den Rasen mähen. Ich war von den Taten des Umfeldes so verdrossen, dass ich meinen alten Beruf an den Nagel hängen wollte. Und von Salome habe ich für meinen alten Beruf auch nie eine Anerkennung erhalten, die mich in dessen Verbleib bewahrt hätte. Wahrscheinlich, weil sie selbst nicht auf Komplimente hörte. Der Bauer hatte drei Rasenmäher. Ich gab auf und wollte nicht mehr Bauer werden. Den Bauernhof meiner Eltern hat mein Bruder übernommen. Er hat mir auch mein Auto abgekauft und es dann versteigert. Ich habe dem Auto noch lange hinterhergeschaut, als es verschwand.

Zu Hause kam ich auf die Idee, ihrer Mutter einen Rasenmäher zu schenken, weil sie damals während des Rasenmähens nicht aufgepasst hatte, als ich den Ring in der Zigarettenschachtel auf ihrem Autodach deponiert hatte. Ihr Sohn hatte sich ausserdem in einem Forum im Internet einen besseren Rasenmäher gewünscht.

Das Geld für den Rasenmäher schickte sie mir per Post, weil sie ihn zurückgegeben hatte. Meine Mutter schrieb mir einen Zettel, auf dem stand, dass sie am Telefon extrem wütend war, als sie den Rasenmäher vor ihrem Haus fand. Aber sie wusste nicht, wieso sie so wütend war.

Warum ich den Rasenmäher gekauft hatte und ihr schenken wollte, hatte sie erst verstanden, als ich wieder im Jura war. Weinend sagte ich ihr, dass ich die ganze Bibel gelesen hätte, aber nicht an Jesus Christus glaube.

Dann sagte sie, das könne sie auch nicht, aber wenigstens mache ihr Sohn immer das, was man ihm sagte. Sie fügte an, ausser wenn er den Rasen mähen sollte.

Ihre Mutter wusste jetzt auch, dass ich empathisch sein konnte, so gut es mir möglich war. Wie damals, als ich ihre Tochter durchs Fenster sah, als sie die Rose in den Händen hielt und sich Gedanken machte.

ZWÖLF

Mir wurde klar, was dieses Mädchen im Kindergarten getan hatte: Sie hatte meinen Geist erschüttert.

Aber es dauerte weitere drei Jahre, bis sich das Geistige mit dem Körperlichen verbinden konnte. Ich besorgte Salome wieder einen Blumenstrauss mit 50 Rosen von einem regionalen Blumenhändler. Die 50 Rosen standen für Liebe ohne Reue.

Ich hatte Gott von nun an über sie gestellt. Das half mir.

Ich erinnerte mich an ihr Pseudonym, welches sie auf Facebook verwendete. Ich war verwundert, als ich ihr Profil eines Tages wiedersah. Denn sie hatte es eine gewisse Zeit lang deaktiviert.

An einem Wochenende hatte ich unaussprechlich schlimme Gedanken. Und der Gedanke vom Aufgeben war wieder nah. Ich weinte nur noch, brachte es nicht mehr fertig, zu rauchen.

Ich musste Medikamente nehmen, von denen ich mir mehr versprach. Ich nahm zwei davon. Ausserdem hatte mir mein Vater an diesem Wochenende gesagt, ich solle auf eine Kuh aufpassen, die kalben wollte. Als ich nach ihr sah, lag das Kalb bereits im Mist.

Ab da wurde es noch schlimmer. Zwei Wochen später hatte mir meine Nachbarin das Essen in den Teller geschmettert, als ich bei ihr zu Besuch war.

Ich ging ins Bienenhaus. Dieser Ort erinnerte mich noch an meinen Grossvater. Ich wollte nicht mehr. Nichts mehr.

Dieses Ereignis hatte mich gute drei Jahre zurückgeworfen, damals ging es mir auch so schlecht. Mein Bauch konnte nicht mehr aufhören zu hyperventilieren. Ich nahm nur noch ein Medikament und dann half auch dieses nichts mehr.

Ich blieb meistens in meinem Zimmer. Mein Wellensittich verstarb. Alles überstieg meine Kraft. Ich konnte keinen Kaffee und keinen Wein mehr trinken. Fleisch konnte ich auch nicht mehr essen. Am Schluss kam die Rechnung für die Rosen und ich stand den ganzen Nachmittag regungslos in der prallen Sonne.

Ich konnte fast nichts mehr trinken und kam wegen einer Niereninsuffizienz auf die Intensivstation.

Liebe ohne Reue.

Von da an ging es weiter nach Bättlerchuchi. Da gab es neue Einflüsse, die ich zu Hause nicht bekam. Das half mir. Das wusste ich. Darum wusste ich etwas mit der Zeit anzufangen, ich wusste, dass ich wegen irgendetwas dranbleiben musste und nicht aufgeben durfte. Das wusste ich, weil ich immer versuchte, mehr auf die Erfahrung zu schauen, als auf das Gefühl oder den Verstand zu hören. Deshalb ging ich am Wochenende nicht mal nach Hause.

Auf die Spitze getrieben hatte mich ein junger Mann, der mich dauernd erschreckte. Ich hatte dann begriffen, dass mich alles immer erschreckte. Darum hatte ich nie etwas gesagt, um das zu verinnerlichen. Wenn ich etwas sagte, wurde ich von der Antwort meines Gegenübers immer überrascht. Alles ging nicht so, wie ich dachte, dass es ausgehen würde.

Das war auch bei Salome der Fall. Aber bei ihr war es extrem. Auf jede Enttäuschung folgte eine weitere, und das wollte ich nie akzeptieren, weil es sonst meine Erfahrung genährt hätte.

Ich habe den Schreck innerlich immer selbst produziert, gegen Aussen und gegen Innen hin. Doch als ich den Schreck plötzlich sehen konnte, erschrak ich nicht weiter. Ich konnte ihn beschleunigen und überspringen. Ich konnte meinen Herzschlag fühlen, wie er Sprünge macht. Es verschwand auch das Erschrecken gegenüber den anderen. Jetzt konnte ich eruieren, dass es Schreckhaftigkeit heisst und dass dies eine Folge des Traumas war. Darum erinnerte ich mich dann schleunigst an alle unkategorisierbaren schreckenerregenden Ereignisse und verarbeitete sie.

Vor allem aber war das Buch »Himmel und Hölle« mir in Erinnerung geblieben. Salome hatte mir gesagt, dass ich es lesen solle. Das hatte ich getan. Das hatte ich fast getan.

In der Klinik Bättlerchuchi stellte ich fest, dass sich das, was ich sagte, nicht so wiederholte, wie ich es mir in meinem Kopf erdacht hatte. Ich verfügte nicht über die Hoheit des Gesagten.

Zum Beispiel: Wenn jemand Musik hörte und ich ihm sagen wollte, wie toll seine Musik sei, verwandelte es sich immer in etwas, das ich nicht sagen wollte. Dann sagte ich: »Ich höre gerne <u>schöne</u> (abschätzig) Musik.« Ich konnte meine Akustik nicht mit dem verbinden, was ich sagen oder ausdrücken wollte. Darum war alles, was ich sagte, missverständlich.

Vor der Erinnerung an das Trauma war es so, dass alles, was ich sagte, in diesem Korsett steckte. Dann war es nicht nur so, dass sich einzelne Teile transformierten. Ich hatte keinen Einfluss auf die Betonung des Gesagten. Und wenn ich vorbeugen wollte, mich ganz verständlich und eindeutig hatte ausdrücken wollen, dann platzierte ich am Ende der Aussage eine Pause, und die Ungereimtheit passierte durch eine Bewegung meines Körpers. Was ich auch sagte, es fand kein Gehör. Ich hatte darum immer das

Gefühl, dass ich nicht richtig zuhörte. Doch mein Gehör war in Ordnung.

Das war auch der Grund, weshalb ich ihr zu viel schrieb, weil es nie mit dem übereinstimmte, was ich sagen wollte. Ich schrieb ihr hauptsächlich, um mich zu vergewissern, dass sie mich nicht aufgibt und dass ich da bin. Ich hatte den Fehler zuerst bei mir gesucht, aber um einmal Druck abzulassen, hatte ich die Schuld bei ihr gesucht, resp. bei ihrer Mutter.

Ich gab diese Vorgehensweise nach nur einem Versuch auf, wusste jedoch nicht, was ich in der Zeit tun konnte. Aber ich war nicht verzweifelt.

Als ich im November 2019 zu Hause auf meinem Bett lag, versuchte ich, ein Lied nachzusingen. Jetzt war immer noch etwas von diesen Reflexionen vorhanden, aber es schien sich gegen das Ende der Strophen zu konzentrieren. Ich traf die Spur innerhalb einer Strophe systematisch nicht. Ich begriff, dass es nicht sein konnte.

Seit sechs Jahren hatte ich pausenlos nachgedacht. Das führte dazu, dass es das Ganze antrieb. Der letzte übrig gebliebene Zipfel eines Gummikörpers, welcher ursprünglich meinen Kopf ausgefüllt hatte, peitschte sich eines Abends in meinen Kopf. Und von da an waren Trübsal und Meinungsverschiedenheiten willkommen.

Ich schrieb in einer Mail an ihre Mutter: »Ich habe meine Stimmungsschwankungen in den Kopf gekriegt. :-) :-) :-) :-) :-) :-) :-) :-) :-) :-) :-) :-) :-).«

Ich war so froh, wie ich mich fühlte.

Ich war erleichtert, diese Sache in den Griff bekommen zu haben, und wusste jetzt auch, warum Salome sich von mir abwendete.

Ihr den Grund zu nennen oder es ihr zu erklären, schlug leider fehl, weil ich es hätte kommunizieren müssen.

Ein halbes Jahr vor dem Gurtenfestival hatte ich mit einer Frau geschlafen.

Das Ausschlaggebende daran war, dass sie so hiess wie das Kind, das mich traumatisiert hatte. Es kann sein, dass dies mein Trauma aktivierte.

Und dann ist mir das Schönste begegnet. Salome

Diese nachträgliche Aufarbeitung war alles, was ich ihr bieten konnte. Ich hoffe, es war geistreich.

DREIZEHN

Vor gut sechs Jahren war es, als ich begonnen hatte, etwas mit mir anzufangen. Schleichend bemerkte ich, dass ich, wenn ich einen Fortschritt machte (eine geistige Erkenntnis fasste), ihn gleich wieder verlor und an andere abgeben musste. Ich habe mich immer zu 100 % verloren, habe mich komplett aufgeopfert und verschenkt. Ich habe gar nicht gewusst, dass ich einen Geist besitze, weil er nicht in meinem Kopf (bzw. von ihm abgeschnitten) war. Ich hatte die Realität so akzeptieren müssen, ohne die geringste Chance, etwas daran zu ändern.

Auf eine Art und Weise musste ich alle Menschen immer betrügen und betrog mich dadurch selbst. Das gab mir das Gefühl der Überlegenheit, zu wissen, dass ich etwas unterdrückte.

Das war vor der Entkopplung des Traumas. Weil ich nicht in der Lage war, meine Erkenntnisse zu behalten, fing ich an, zu verlieren. Ich befand mich quasi wieder unmittelbar in der Zeit nach dem Trauma, als ich noch gar keine Milderung durch Verstellen erreicht hatte. Immer wenn ich unterlag, und das war jedes Mal, wenn ich jemandem begegnete, erinnerte ich mich an das, was gerade passiert war. Ich habe reflektiert und bin, wie es in der Bibel oft heisst, umgekehrt. Das machte mich euphorisch.

Mit der Zeit wurde ich besser darin, und ich konnte die Erkenntnisse dadurch behalten, dass ich alle meine Gedanken ständig reflektierte, um in dieser instabilen Position zu bleiben. Denn wenn ich eine Sekunde nicht aufgepasst hätte, hätte ich wieder aufgegeben und wäre erneut kollabiert. Ich musste ständig alles am Laufen halten. Ich war ständig bewusst.

Ich erinnerte mich oft an Fehler, die Tage, Wochen, Monate und Jahre, sogar Jahrzehnte zurücklagen. An den gleichen Fehler auch vielfach. Jedes von mir und anderen gesprochene Wort prüfte ich auf Bedeutung, Fehler und Wahrheitsgehalt und schrieb es auf. Ich wollte nur noch Dinge, die auf mich zukamen. Ich filterte alles. Besonders anstrengend war es dann, wenn ich mich an längere Gespräche erinnern musste.

Der weite Weg zum Dorf, in dem ihre Mutter wohnte, war diesbezüglich eine grosse Hilfe. Ich musste dauernd versuchen, dorthin zu gelangen, ohne den roten Faden zu verlieren.

Als ich dann im Entsorgungshof war, konnte ich meinen ersten Halt erlangen (eine Energieumkehr).

Das führte dazu, dass ich mich an mein Trauma erinnern konnte und sich Geist und Körper wieder verkoppelten.

Das war mein erster richtiger Halt, ich musste nicht mehr dauernd »um meinen Kopf kreisen«, wie damals, als ich wahnsinnig war.

Von da an habe ich das Umkehren professionalisiert. Ich verlor zwar immer noch oft den Anschluss, aber die Zeitspanne zwischen den Phasen, in denen ich »in die Irre lief« statt »umzukehren«, dehnte sich aus.

Vor dem zweitletzten Klinikaufenthalt war es etwa einen Monat lang, dass ich die Kontinuität halten konnte. Ich hatte angefangen, die Umkehrungen in meinen Notizen zu dokumentieren.

Ich habe mir folgende Labels erstellt:
- Alpha Ablage (Vorbehalte)
- Alpha Augenblick (Taktik)
- Alpha Auswertungen (Erinnerungen, Verbesserungen)

- Alpha Schwächen (meine wunden Punkte)
- Alpha typisch (Anzeichen von anderen, wenn jemand den Lead übernimmt)
- Alpha untypisch (Anzeichen bei mir, wenn ich den Lead verliere)

Bei der nächsten Klinikeinweisung konnte ich die Gruppendynamik managen, sodass die Realität fast surreal wurde. Das war der Augenblick, als ich mich entschied, ihr den Heiratsantrag zu machen.

Ich reiste mit dem Zug nach Basel und wusste nicht, ob ich bei ihr klingeln oder klopfen sollte. Und als ich etwas hörte, fragte ich durch die geschlossene Tür: »Willst du mich heiraten?«

Ich wollte wieder gehen, weil niemand aufmachte. Am Türschloss waren komische Symbole angebracht. Dann öffnete sie mir doch die Tür, hatte ein Pfefferspray in der Hand. Sie zog mir die Brille ab und warf sie auf den Boden.

»Danke für die Brille«, sagte ich.

Sie sagte: »Wenn du nur wegen dem gekommen bist, ist das das Einzige, was du kriegst.«

Ich habe dreimal »Tschüss« gesagt. Ich wollte mir damit »Ich liebe dich« ersparen und wieder meine Strategie ändern. Aber das war Unsinn.

Auf dem Nachhauseweg sprach mich am Bahnhof Olten ein weiss gekleideter Mann an und bat mich um eine Spende. Ich gab ihm einen Hunderter und er gab mir dafür drei Bücher und eine Visitenkarte. Ich sollte sie nicht wegwerfen. Daraufhin sagte ich: »Ich versuche es.«

Dann sah ich plötzlich, dass seine Augen ganz weiss wurden. Es war, als hätte sich etwas von mir auf ihn übertragen. Seine Augen glänzten, wie bei jemandem, der ein

Geschenk bekommt und sich riesig darüber freut. Nur noch viel intensiver. Ich wusste, dass dies irgendetwas physikalischer Art war, eine Energie, die vom Kindergarten herrührte.

Es dauerte ca. drei Sekunden, bis sich das Weisse in seine Augen eingrub. Dann war es weg und ich hatte Angst, dass ich etwas verloren hatte: meine Alphataktik. Jegliche Versuche, umzukehren, scheiterten. Aber die Anzeichen, dass ich wieder in die Irre lief, blieben aus.

Eine Woche danach besuchte mich ein Nachbar in der Klinik. Er schenkte mir ein Buch.

Wir gingen spazieren und ich erzählte ihm noch einmal von meinem Trauma am Kennenlerntag im Kindergarten. Er kannte die Geschichte und erinnerte sich daran.

Ich beschloss, ihm von der Tragweite dieses Ereignisses zu berichten, und ich erzählte ihm meine Perspektive auf die Welt und dass ich immer alles umdrehen musste. Er sagte: »Ich verstehe dich.«

Da verebbten die Wellen, die ich schlug.

Ich hatte mich getraut, es ihm zu sagen, obwohl ich befürchtet hatte, etwas von mir auf ihn zu übertragen. Ich hatte die Verbindung mit dem Trauma besiegt.

Jetzt wusste ich: Die Energie, die in meinem Körper war, konnte nicht denken, und die Energie, die in meinem Geist war, konnte nicht fühlen.

Zum Glück hatte mein Schaden kein Gehirn genommen.

VIERZEHN

Am 27. Juli 2014 hatte ich ihr eine E-Mail geschrieben. Es war viel zu früh, es auszusprechen, aber ich musste es ihr recht machen und die Lage beruhigen, indem ich mich schwächte. Ich hatte es geschrieben, noch bevor ich von meinem Trauma wusste:

Bitte zieht die Anzeigen zurück.

Ich sage euch ein paar Wahrheiten, bitte verwendet sie nicht gegen mich.

Ich fühle mich, als hätte ich die ganze Welt verarscht.

Ich glaubte immer zu wissen, dass ich das Richtige tat. ABER ich lag immer falsch herum.

Ich glaube, Frauen sind grundsätzlich bevorteilt. Frauen sind im Himmel.

Ich denke, ich habe keinen Himmel. Ich bin NICHTS und es lässt sich nicht ändern. Ich bin dazu bestimmt, eine neue Macht zu sein.

Ich habe die Gesetze der Physik recht im Griff. So konnte ich gedanklich unabhängig werden. Jetzt ist es raus. Ich kann eure Sprache nicht verstehen.

Zu guter Letzt noch ein allwissender Satz :-)

Ich bin sicher.

Ich kann tun und lassen, was ich will.

Will ich das?

Nein. Ich tue freiwillig das, was gut ist. Sie sagt, was richtig ist. IMMER.

Das Trauma schnitt mir Mut, Dankbarkeit, Sicherheit ab. Ich hatte 20 Jahre nur Fügung. Als ich dann das Warten entdeckte, konnte ich mich rückwärts zurückarbeiten. Heute habe ich folgendes Muster im Kopf:

1. Mut/Ärger
2. Dankbarkeit
3. Sicherheit/Zweifel
4. Stille/Warten/Liebe
5. Fügung
6. Zufall

Alles hängt mit Erinnerung, Perspektivwechsel und der damit einhergehenden Tilgung zusammen. Mit Mut entsteht Selbstvertrauen. Mit Mut und Ärger entsteht Selbstbewusstsein.

Die Dankbarkeit ist das Höchste dieser drei und führt zur Liebe, die durch Nummer 1. bis 3. ständig unterbrochen und (durch stetes Erinnern) getilgt wird.

Um zum nächsten Punkt zu gelangen, ist es manchmal notwendig, wieder bei 1. zu beginnen (Erinnerung) oder umzukehren. Und dies immer wieder neu. Die Sicherheit und der Zweifel sind ebenso aufgebaut wie Mut und Ärger, beinhalten aber auch alles Vorangehende. Das Besondere an Nummer 4. ist, dass es eine Pause (vom Erinnern) ist und man sich ebenso an diese Pause erinnern kann. Und zugleich beinhaltet es den gesamten Kreislauf (wieder alles vorangehend Erlernte, von 4. beginnend, zurück zu 1. und wieder zu 4., von 2. zu 3. etc.).

Es geht darum, alles anzuwenden, was man kann. Man muss sich auch an die Erinnerung erinnern. Und an die Erinnerung an die Erinnerung. Um zur Nummer 5. zu gelangen, muss man sich zuerst dem Zufall fügen.

Es ist theoretisch möglich, sich weiter zu erinnern. Ich habe mich auf das beschränkt, was mein Gehirn beherrscht.

FÜNFZEHN

Im Kindergarten hatten wir ein Blumentheater aufgeführt. Alle Kinder waren Blumen, ausser dem Kind, welches mich traumatisiert hatte. Sie war eine Hexe. Sie schwang den Zauberstab und alle Kinder mussten im Kreis um eine Blume tanzen.

Als ich die Blume in der Mitte war und die anderen Blumen jeweils in die Richtung tanzten, die sie mit ihrem kreisenden Zauberstab vorgab, verlor ich jegliche Orientierung und fing an zu weinen. Das war grauenhaft.

Ich begriff, dass ich immer mit reaktiver Abwertung zu kämpfen hatte.

Erinnerung:
Heute ist der Kennenlerntag für den Kindergarten. Ich bin vier Jahre alt und ich bin noch nicht bewusst.

Phase Nr. 1:
Ich sitze an einem Tisch. Meine Mutter sitzt links von mir. Sie zeichnet. Plötzlich fängt sie an zu basteln. Sie sagt zu mir: »Chasch du mir d'Schäri gä?«

Ich weiss nicht, was eine Schere ist, und grüble.

Da sagt meine Mutter: »Due guet studiere.«

Ich sehe etwas auf dem Tisch, nehme es und halte es ihr hin.

Meine Mutter sagt: »Guet gmacht«, und legt die Schere rechts neben sich aufs Pult.

Phase Nr. 2:
Ich sitze alleine am Tisch. Meine Augen sehen ein Grüppchen Kinder am Boden in der Ecke des Raumes.

Ein Mädchen steht auf und kommt auf mich zu. Sie fragt: »Weles isch dis?«

Ich grüble. Sie zeigt mit ihrem rechten Zeigefinger auf die Korkwand, an der die Zeichnungen aus Phase 1 befestigt sind. Ich schaue die Bilder an.

Als ich das Bild meiner Mutter sehe, realisiere ich, dass das mein Bild ist.

Ich spüre in meinem Kopf eine Bewegung (Hypothese Nr. 1).

Ich erhalte Gedanken, die mir zeigen, dass ich auswählen kann, was ich antworten will. Die Gedanken sind abwechslungsreich und fantasieren umher. Ich komme wieder auf meinen Verstand, der mir voller Stolz auf meine Mutter sagt, dass die Antwort »Mis isch z'Schönschte« eine gute Antwort ist.

Als ich mich zu dem Mädchen umdrehe, sehe ich, dass ihre Augen zwei Kinder wahrnehmen, die rechts von uns in einiger Entfernung an einem Tisch zusammen tüfteln.

Ich sage zu ihr: »Mis isch z'Schönschte.«

Sie schreit: »Das darf mä nid sägä.« (Hypothese Nr. 2.)

Hypothesen:

Nr. 1: Das Bewusstsein war gerade entstanden, aber noch nicht mit dem Physischen verknüpft.

Nr. 2: Ein Teil des Bewusstseins wurde Teil des Körpers und landete im Bauchraum, wo es sich in der Sackgasse befand. Ich hatte keine Verbindung mehr zu meinem Geist, keine Psyche (die als Verbindung zwischen Körper und Geist existiert).

Die Energie hatte sich im Körper und im Kopf separat angestaut, bis sie sich aus sich selbst heraus, durch meinen Zwang, wieder verkoppelte.

Am 24.08.2015 hatte ich mich an die Phase 2 erinnert. Im November 2019 hatte ich mich an Phase 1 erinnert und konnte mich so vollständig vom Trauma lösen.

Ich bin darauf gekommen, weil ich meine Perspektive (Welches ist das schönste Bild?) und die Perspektive des Kindes, welches mich traumatisiert hatte, durchdacht hatte.

Im Gutachten, welches die Klinik über mich angefertigt hatte, stand, der Berg (Gurten) werde die Entscheidung fällen.

Weil die Perspektive des Kindes, welches mich traumatisiert hatte, sich auf mich übertrug, manifestierte es sich auch in der Realität: »Mis ich z'Schönschte«. Das »Mis«, also Mein/Meines, gab es nicht mehr. Es kollabierte. Mir gehörte nichts mehr: keine Emotion, kein Gefühl, kein Objekt, kein Gedanke.

Als ich mich jedoch an die Phase 1 erinnert hatte, konnte ich wieder gut studieren.

Als ich mich an Phase 2 erinnert hatte, besass ich wieder eine geistige Privatsphäre.

Desiderata

Gehe gelassen inmitten von Lärm und Hast
und denke an den Frieden der Stille.

So weit als möglich, ohne dich aufzugeben,
sei auf gutem Fuss mit jedermann.
Sprich deine Wahrheit ruhig und klar aus,
und höre Andere an,
auch wenn sie langweilig und unwissend sind,
denn auch sie haben an ihrem Schicksal zu tragen.

Meide die Lauten und Streitsüchtigen.
Sie verwirren den Geist.

Vergleichst du dich mit anderen,
kannst du hochmütig oder verbittert werden,
denn immer wird es Menschen geben,
die bedeutender oder schwächer sind als du.
Erfreue dich am Erreichten und an deinen Plänen.
Bemühe dich um deinen eigenen Werdegang,
wie bescheiden er auch sein mag;
er ist ein fester Besitz im Wandel der Zeit.

Sei vorsichtig bei deinen Geschäften,
denn die Welt ist voller Betrügerei.
Aber lass deswegen das Gute nicht aus den Augen,
denn Tugend ist auch vorhanden:
Viele streben nach Idealen,
und Helden gibt es überall im Leben.

Sei du selbst.
Täusche vor allem keine falschen Gefühle vor.
Sei auch nicht zynisch, wenn es um Liebe geht,
denn trotz aller Öde und Enttäuschung verdorrt sie nicht,
sondern wächst weiter wie Gras.

Höre freundlich auf den Ratschlag des Alters,
und verzichte mit Anmut auf die Dinge der Jugend.
Stärke die Kräfte deines Geistes,
um dich bei plötzlichem Unglück dadurch zu schützen.
Quäle dich nicht mit Wahnbildern.
Viele Ängste kommen aus Erschöpfung und Einsamkeit.
Bei aller angemessenen Disziplin,
sei freundlich zu dir selbst.

Genau wie die Bäume und Sterne,
so bist auch du ein Kind des Universums.
Du hast ein Recht auf deine Existenz.

Und ob du es verstehst oder nicht,
entfaltet sich die Welt so, wie sie soll.
Bleibe also in Frieden mit Gott,
was immer er für dich bedeutet,
und was immer deine Sehnsüchte und Mühen
in der lärmenden Verworrenheit des Lebens seien –
bewahre den Frieden in deiner Seele.
Bei allen Täuschungen, Plackereien und
zerronnenen Träumen
ist es dennoch eine schöne Welt.

Sei frohgemut. Strebe danach, glücklich zu sein.

von Max Ehrmann

SECHZEHN

Ich hatte auf strategischen Wahnsinn gesetzt, durfte meine Strategie nicht verlassen. Wenn ich auf jemanden gehört hätte, wäre ich nicht erfolgreich gewesen.

Die ersten drei Jahre, nachdem ich Salome kennengelernt hatte, hätte mich jeder durch jedwede Äusserung in die Misere geritten, wenn ich mich nicht an jede Konversation erinnert hätte. Ich hatte das beginnende Problem im Anfangsstadium erkannt. Ich durfte nie klagen, nörgeln und jammern und auch sonst nichts sagen, weil alle mich sonst missverstanden hätten. Wenn ich etwas sagen musste, verwendeten sie es als Anklage. Ich sollte mir schaden. Ich empfand so, wie jemand empfindet, der realisiert hat, dass der Countdown, der gerade abgelaufen ist, zu einer Atombombe gehörte. Ich war immer sprachlos. Das, was ich sagte, wurde mir ständig vorgeworfen, und ich hätte mich wieder rechtfertigen sollen.

Niemand zweifelte am System, und manche dachten, sie täten mir etwas Gutes. Aber was weiss ein Fisch vom Wasser, in dem er sein Leben lang schwimmt? Aus der Perspektive des Fisches war ich mein Leben lang am Ertrinken und bin immer an die Wasseroberfläche, um zu atmen, weil meine Kiemen nicht funktionierten. Die Anderen dachten, ich ginge an die Oberfläche, um zu sterben, und wollten mich stets am Überleben hindern. Selbst jeglicher Versuch, zu schweigen, wurde gebrochen. Es war unmöglich, aber die Intensität des Schmerzes durfte für mich nie eine Rolle spielen.

Ich hatte mich an Tatsachen orientiert. Wenn ich einen Rechtsstreit hatte, wurde ich Anwalt, wenn ich etwas gestalten musste, wurde ich Designer, aber in diesem Fall half es mir nichts, Arzt, Psychiater oder Psychologe zu werden.

In der Klinik wurden mir Medikamente, trotz Widerstands, verabreicht. Zwangsmassnahmen wurden ohne Möglichkeit zum Widerstand systematisch durchgeführt.

Die Ausbildung, die Methoden und das Fachwissen sind oft nur auf die Symptome ausgelegt, insbesondere bei diffusen und unklaren Krankheitsbildern. Es sind Spekulationen, denen man einen Namen gab, und diese Diagnosen sind heute festes Gedankengut. Der Versuch, ein solches Problem wie meines mit Medikamenten zu lösen, ist einfach eine Dummheit. Es hat mich behindert, Zeit gekostet, meinen Körper angegriffen und mich geschädigt, obwohl es gar nie notwendig war. Sie wollten mich zur Normalität zurückdrängen, obwohl mich dies lebenslänglich geschädigt hätte.

Die Medikamente in diesem Gebiet verursachen unerträgliche Nebenwirkungen und neue Krankheiten. Sie blenden und vernebeln nur das ursprüngliche Problem. Es wurden immer falsche Ratschläge erteilt, auch wenn ich allen immer sagte, dass das, was ich mache, mir hilft, dass es mir gut geht und ich gesund bin.

Gerichte stehen auf der Seite der Ärzte und der KESB. Und die KESB steht auf der Seite der Ärzte. Meine Eltern hatten die Verantwortung abgegeben und klagen mich bis heute an. Sie denunzieren mich gewohnheitsbedingt, obwohl es logisch und antizipierbar ist, dass ich mithilfe meiner Intelligenz auch wieder Ruhe in den Körper bringen kann. Aber für die rechthaberische KESB und die Ärzte ist mein begründeter Widerstand kein Hinderungsgrund. Und wenn sie mich dauernd geisseln, ist es nicht möglich, zur Ruhe zu kommen. Ein Teufelskreis.

Ich habe die Gedanken physikalisch betrachtet und mir vorgestellt, wie der Perimeter meiner Psyche von meinen Eltern ausging und die Situation im Kindergarten erschuf. Ich ging so weit zurück, wie ich konnte (ich habe jedes Mal das ganze Spektrum an gemachten Erfahrungen verwendet und mit physikalischen Betrachtungen aufgewertet).

Die Klinik Bättlerchuchi brach mehrmals das Gesetz. Konsequenzen für die Klinik gab es nicht. Das Gesetz ist schwammig und überlässt den ganzen Apparat sich selbst. Dies legt den Grundstein für Machtmissbrauch.

Die Aufteilung der Aufgaben, Kompetenzen und der Verantwortung fördert das Hin- und Herschieben auf andere.

Eltern, Freunden, Arbeitgebern wird die Möglichkeit gegeben, zu denunzieren. Sie nehmen diese auch wahr, um sich zu rächen oder um die für sie missliebigen Situationen zu beenden, weil das Ganze ihren Intellekt und ihre Vorstellungskraft übersteigt. Jene, die aus mir jahrelang ihr falsches Selbstbild zogen, wurden mit der Wahrheit begrüsst.

In einer Gesellschaft, die auf Eigenverantwortung setzt, ist der Zwang ein Eingriff in die Privatsphäre der Bürger. Erfahrungen, die durch Eigenverantwortung erworben werden, sind wirksamer, als wenn der Staat durch Zwang eingreift. Die Polizei ist ihr Gehilfe und behandelte mich stets wie einen Verbrecher.

Die Möglichkeit, Rechtsmittel zu ergreifen, Beweismittel zu sichern, Akteneinsicht zu nehmen, wurde in der Klinik Bättlerchuchi oft behindert.

Die KESB hat mir mit einer Bevormundung gedroht. Sie

hat dafür gesorgt, dass mir der Führerschein entzogen wurde.

Die Klinik Bättlerchuchi fragt sich, warum die Medikamente nicht wirken, und sie probieren munter immer neue Medikamente aus.

Auch nach Zwangsmedikationen von über einer Woche wurde immer noch keine Verfügung ausgehändigt. Die Klinik Bättlerchuchi ignoriert das Gesetz und meine Menschenrechte, weil sie niemand bei ihrer Arbeit beaufsichtigt.

Während der ganzen Zeit musste ich mir anhören, ich hätte keine Krankheitseinsicht. Ein Psychologe hat gar behauptet, ich hätte keine Empathie. Ich konnte mich nicht dazu äussern. Sie konnten alles mit mir machen, was sie wollten. Es gehörte zu meiner Strategie. Ich musste mich mit Problemerstellern (Ärzten, Psychologen und Patienten) herumschlagen, obwohl ich als Problemlöser instinktiv von selbst wusste, wie es zu lösen war. Im Probleme-Lösen sind sie Amateure, ihr dauerndes Aus-dem-Nähkästchen haben sie geliebt.

Die Krankenkasse stuft einen längeren Aufenthalt als chronisch ein, was dazu führt, dass ich die Kosten für den Aufenthalt auch noch selber tragen muss. Ich musste auch den Aufenthalt im Betreuten Wohnen selbst bezahlen, obwohl ich dort völlig fehl am Platz war. Die Kosten sind immens. Und gearbeitet haben sie dafür fast nichts. Die ganze Arbeit habe ich geleistet. Und ihnen dazu auch noch eine Arbeit gegeben und sie finanziert.

Ich habe stets gewusst, wenn ich etwas schrieb oder sprach, wann es nicht korrekt tönte. Aber ich sagte es nicht, ich wollte nicht weniger wahnsinnig werden und denken. Doch meine Perspektive einzunehmen, ist für sie zu viel verlangt. Helfer haben falschen Mut, alles, was sie zu bieten haben, sind die Parolen von Durchschnittsbürgern, die nichts zu bieten haben, ausser sich folgsam zu irren, anstatt logisch und respektvoll (von lat. respectio/Rückschau) zu denken. Sie gehen dauernd den falschen Problemen aus dem Weg und besänftigen ihren Frust durch Dauerschimpferei. Sie hören nicht auf ihr Gewissen. Wer nicht beaufsichtigt wird, handelt nicht gewissenhaft. Ich wurde stetig vom Schönsten zum Schönsten befähigt. Ich weiss jetzt, wer ich wirklich bin.

– Im Sinne des Höchsten: Erkenne dich selbst.

Unser Vater im Himmel

Geheiligt werde Dein Name.

Dein Reich komme.

Dein Wille geschehe wie im Himmel so auf Erden.

Unser tägliches Brot gib uns heute

Und vergib uns unsere Schuld

Wie auch wir vergeben unseren Schuldigern.

Und führe uns nicht in Versuchung,
sondern erlöse uns von dem Bösen

Denn Dein ist das Reich und die Kraft
und die Herrlichkeit in Ewigkeit.

Amen

Ende

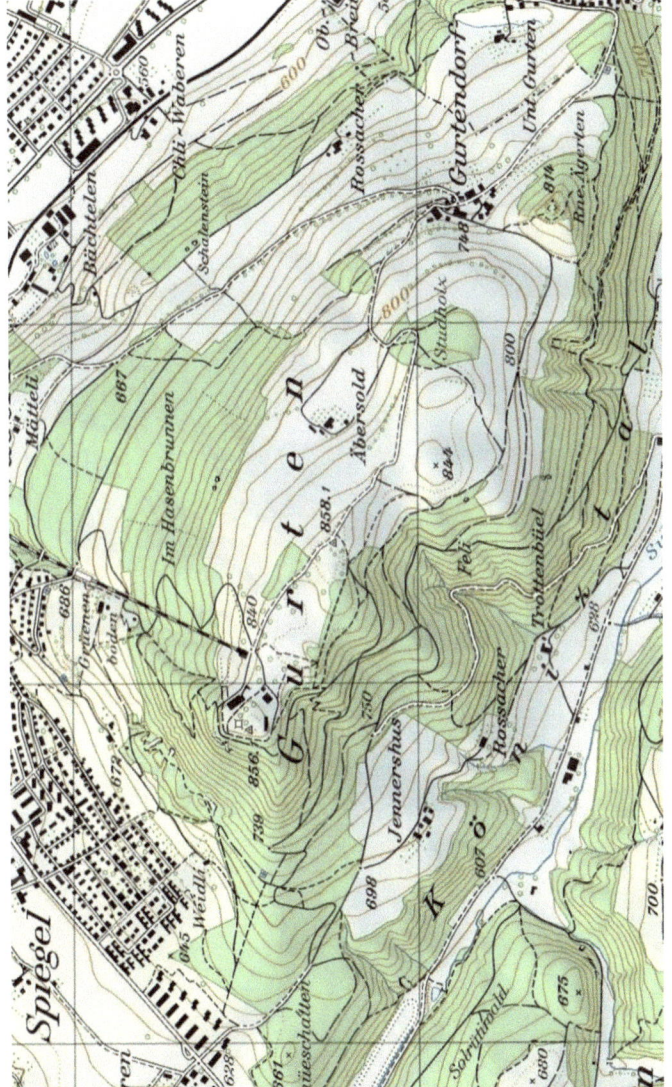